Las 4 estaciones

60 DIBUJOS
ANTIESTRÉS

hachette
HEROES

Durante todo el año la primavera
hace brotar flores de mil y un colores.
Después, el sol del verano ilumina
nuestros corazones y nuestros días, hasta que
el otoño abre el baile de flores doradas para
que los copos de nieve del invierno cubran el
suelo de un blanco impecable.

Celebra la belleza y la magia de las estaciones
con tus personajes favoritos.

Descubre 62 ilustraciones para colorear
y dales vida a tus héroes, animales y amigos
preferidos. Déjalos descansar bajo un árbol
en flor, disfrutar de la playa, recoger calabazas
o preparar la Navidad.

Coge tus mejores lápices o rotuladores
y crea tus propias obras de Disney y Pixar.

Edición francesa

© 2024, Hachette Livre (Hachette Pratique).
58, rue Jean Bleuzen – 92178 Vanves Cedex

Este libro se publicó por primera vez en Hachette Livre (Hachette Pratique) en 2024 con el título original de *4 saisons.*

Dirección: Catherine Saunier-Talec
Responsable editorial: Timothée Le Miere
Edición: Anne Vallet y Anaïs Guichard
Maquetación: Les PAOïstes
Colorización de la cubierta: Charlotte Melin
Producción: Gregory Morin

Edición española

Para la presente edición:
© Grupo Anaya, S. A., 2024
Valentín Beato, 21. 28037 Madrid

Dirección del proyecto editorial: Emmanuel Christien
Edición: Carmina Pérez Canet
Asistente editorial: Sonia Fonseca Bautista
Producción: Juan Antonio Barras
Realización editorial: Servei Gràfic NJR, SLU
ISBN: 978-84-19804-29-7
Depósito legal: M-28340-2023
Impreso en España

PAPEL DE FIBRA CERTIFICADA